To the Reader . . .

The books in this series include Hispanics from the United States, Spain, and Latin America, as well as from other countries. Just as your parents and teachers play an important role in your life today, the people in these books have been important in shaping the world in which you live today. Many of these Hispanics lived long ago and far away. They discovered new lands, built settlements, fought for freedom, made laws, wrote books, and produced great works of art. All of these contributions were a part of the development of the United States and its rich and varied cultural heritage.

These Hispanics had one thing in common. They had goals, and they did whatever was necessary to achieve those goals, often against great odds. What we see in these people are dedicated, energetic men and women who had the ability to change the world to make it a better place. They can be your role models. Enjoy these books and learn from their examples.

Frank de Varona
General Consulting Editor

General Consulting Editor
Frank de Varona
Associate Superintendent
Bureau of Education
Dade County, Florida, Public Schools

Consultant and Translator
Gloria Contreras
Professor of Social Studies
College of Education
North Texas State University

Library of Congress number: 88-39173

Library of Congress Cataloging in Publication Data

Thompson, Kathleen
  Junipero Serra / Kathleen Thompson & Jan Gleiter.
  —(Raintree Hispanic stories)
  English and Spanish.
  Summary: A biography of the Franciscan priest-explorer who was instrumental in the development of missions in California in the eighteenth century.
  1. Serra, Junípero,1713–1784—Juvenile literature. 2. Explorers—California—Biography—Juvenile literature. 3. Explorers—Spain—Biography—Juvenile literature. 4. Franciscans—California—Biography—Juvenile literature. 5. California—History—To 1846—Juvenile literature. [1. Serra, Junípero, 1713–1784. 2. Explorers. 3. California—History—To 1846. 4. Spanish language materials—Bilingual.] I. Gleiter, Jan, 1947– . II. Title. III. Series: Thompson, Kathleen. Raintree Hispanic stories.
  F864.S44T48   1988   979.4'01'0924—dc19   [B] [92]   88-39173

ISBN 0-8172-2909-4   hardcover library binding

ISBN 0-8114-6765-1   softcover binding

3 4 5 6 7 8 9 0   96 95 94 93 92 91

JUNÍPERO SERRA

Jan Gleiter and Kathleen Thompson
Illustrated by Charles Shaw

STECK-VAUGHN
COMPANY
A Subsidiary of National Education Corporation

On November 24, 1713, a very tiny, very weak little baby was born on the island of Majorca. He was baptized quickly because everyone was afraid he would die. Weeks passed before his parents, a peasant couple named Antonio and Margarita Serra, began to believe that they would see their son grow up. Even then, they were told, he would always be small and weak.

Miguel Serra did grow up to be a small man. But this small man walked thousands of miles through the Mexican and California wilderness in the service of Spain and his own religious beliefs.

El 24 noviembre de 1713 nació un niño muy débil y pequeñito en la isla de Mallorca. El fue bautizado rápidamente porque todos creín que iba a morir. Pasaron unas semanas antes de que sus padres, Antonio y Margarita Serra, unos pobres campesinos, abrigaran la esperanza de ver crecer a su hijo. No obstante, se les advirtó que siempre sería pequeño y débil.

Efectivamente, Miguel Serra se desarrolló y permaneció pequeño. Pero este hombrecito anduvo miles de millas por los páramos de California sirviendo a España y a sus creencias religiosas.

Majorca, Miguel's island home, lies just off the coast of Spain in the Mediterranean Sea. It is a place of wonderful natural beauty. And, on Majorca, ancient Greek learning and art met and mixed with Roman Catholic Spain. So Miguel grew up with beauty—and the church—all around him.

Miguel's parents could not read or write, but they were eager for their bright little boy to go to school. Luckily, there was a good school near their home. It was run by Franciscan friars. The friars had known Antonio and Margarita Serra all their lives. They were happy to have the little Serra boy in their school.

Soon, they were also amazed.

Tiny Miguel Serra turned out to be one of the brightest children the friars had ever seen. Besides that, he had a voice like an angel. Soon, he was singing in the community choir.

Mallorca, la isla de donde provenía Miguel, queda un poco más allá de la costa de España en el Mar Mediterráneo. Es un lugar de una belleza natural maravillosa. Y en Mallorca, el antiguo arte y erudición griegos, se mezclan con la España católica romana. Así es como Miguel creció rodeado por la belleza natural y por los pensamientos religiosos.

Los padres de Miguel no sabían leer ni escribir, pero ansiaban que siendo inteligente su hijo asistiera a la escuela. Por suerte, había una buena escuela cerca de su casa. La escuela la dirigían los frailes franciscanos. Los frailes habían conocido a Antonio y a Margarita toda su vida. Ellos estaban encantados de tener al niño Serra en su colegio.

Pronto, también se sorprendieron.

El pequeño Miguel resultó ser uno de los niños más inteligentes que los frailes jamás habían visto. Y además de su talento, tenía la voz de un ángel. Pronto cantó en el coro de la comunidad.

Miguel was a happy child. He had a good, caring family, a school he loved, a place to make music, and the beautiful hills and beaches of Majorca to play on. He also had a dream.

Religion was everywhere on Majorca and in Miguel's life. Miguel's dream came naturally from that. He heard about missionaries to the New World and decided that that was what he wanted.

Native Americans, of course, had their own religion and way of life. But Christians believed that, if these people were not told about Jesus, if they did not come to accept the Christian god, they would be doomed to spend eternity in hell. Miguel wanted with all his heart to save them.

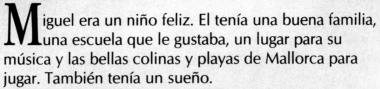

Miguel era un niño feliz. El tenía una buena familia, una escuela que le gustaba, un lugar para su música y las bellas colinas y playas de Mallorca para jugar. También tenía un sueño.

La religión estaba presente por todo Mallorca y especialmente en la vida de Miguel. Naturalmente que el sueño de Miguel, tenía algo que ver con eso. El había oído hablar de los misioneros en el Nuevo Mundo y decidió que eso era lo que quería.

Los nativos americanos naturalmente, tenían su religión y su propia forma de vida. Pero los cristianos creían que si a esta gente, no se les hablaba acerca de Jesús y no llegaban a aceptar al Dios cristiano, estarían condenados a pasar una eternidad en el infierno. Miguel de todo corazón quería salvarlos.

9

When Miguel was fifteen, he was sent to Palma to continue his studies. There he worked hard and lived the life of a Franciscan friar. After two years he joined the order. He took the priestly name of Junípero. He named himself after a friend of St. Francis of Assisi. The original Junípero was a man known as "the little jester of God."

Cuando Miguel cumplió quince años, lo mandaron a Palma a continuar sus estudios. Allí trabajó con tenacidad y vivió la vida de fraile franciscano. Después de dos años se incorporó a la orden. Tomó el nombre sacerdotal de Junípero. Lo tomó de un amigo de San Francisco de Asís. Al Junípero original se le conocía como "el pequeño bufón de Dios."

The years passed and Father Junípero began to be famous as a scholar and teacher. He became the professor of theology at Lullian University—a great honor—and was now known as Dr. Serra, or Dr. Junípero. He seemed to forget his early dreams of the New World.

And then, when he was thirty-five, the dream came alive again. For some reason, he began to think more and more of going west. But he couldn't just leave. For one thing, he had taken a vow to obey the leaders of his order. For another, one person alone cannot set up a mission.

Los años pasaron y el padre Junípero empezó a adquirir fama como estudiante y maestro. Llegó a ser catedrático de teología en la Universidad de Lullian—un gran honor—y a partir de entonces se conocía como Dr. Serra o Dr. Junípero. Parecía habérsele olvidado su sueño acerca del Nuevo Mundo.

Y después a los treinta y cinco años su sueño surgió otra vez. Por algún motivo, empezó a pensar más y más en irse al oeste. Pero de momento no podía. En primer lugar, había hecho un juramento de obediencia a sus superiores y en segundo lugar, una sola persona no puede establecer una misión.

Almost two years later, Father Junípero and his friend Father Palou were on a ship sailing to Mexico. It had taken that long to get permission to leave the university, to be accepted by an expedition, to travel to Cádiz, to begin their training there, and finally to set sail.

They had a long and dangerous trip to San Juan, Puerto Rico, and from there to Veracruz, Mexico. At Veracruz, horses and mules were waiting to take the missionaries to Mexico City. But Father Junípero said that he preferred to walk. It was a rule of the Franciscan order that friars were supposed to walk unless they were sick or injured. Father Palou was too sick to walk, but Father Junípero wasn't.

And so, with another friar to keep him company, Father Junípero walked the two hundred and fifty miles to Mexico City.

Casi dos años después, el padre Junípero y su amigo el padre Palou se embarcaron rumbo a México. Todo este tiempo le tomó para obtener el permiso de dejar la universidad, de ser aceptado por una expedición, de viajar a Cádiz, de comenzar su entrenamiento y finalmente de embarcarse.

Ellos tuvieron un viaje largo y peligroso a San Juan de Puerto Rico y de allí a Veracruz, México. En Veracruz, los esperaban con unos caballos y unas mulas para llevarlos a la ciudad de México. Pero el padre Junípero dijo que prefería irse andando. Era una norma de la orden franciscana que todos los frailes debían caminar si no estaban enfermos o heridos. El fraile Palou estaba muy enfermo para caminar, pero el padre Junípero no.

Así pues, en compañía de otro fraile, el padre Junípero caminó doscientas cincuenta millas hasta la Ciudad de México.

Four miles from Mexico City was the Franciscan convent of San Fernando. Here, Father Junípero met up with Father Palou and the other missionaries to begin their training. They lived a hard life in the convent in order to prepare them for life in the missions. They learned how to survive in the wilderness, and how to mark trails and map their way. They were taught about native American customs.

The missionaries usually spent at least a year training for their work at San Fernando. But Father Serra ended up leaving after five months. There was a mission in the Sierra Gorda country that badly needed a missionary. Father Junípero volunteered.

A cuatro millas de la Ciudad de México se hallaba el convento franciscano de San Fernando. Allí, el padre Junípero se encontró con el padre Palou y con los otros misioneros para comenzar su entrenamiento. Ellos llevaban una vida severa en el convento preparando su vida de misioneros. Aprendieron a sobrevivir en las montañas, cómo marcar sus sendas y hacer un plan de viaje. Se les enseñó acerca de las costumbres de los indígenas.

Comúnmente, los misioneros pasaban por lo menos un año de entrenamiento en San Fernando. El padre Serra se marchó después de cinco meses. Había una misión en la región de Sierra Gorda muy necesitada de un misionero. El padre Junípero se ofreció de voluntario.

The wild mountains of Sierra Gorda became Father
Junípero's home for more than eight years. While he
was there, he converted many native Americans to
Christianity. Together with them, he built a church. Then,
he went back to San Fernando. For several more years
he was there, in charge of the choir and the young men
who were soon to be priests. From San Fernando, he
often went on missions into the country.

But Father Junípero's fate was soon to change.

About this time, King Charles III of Spain decided that
the Jesuit priests who had built missions in lower
California were dangerous to the Spanish crown. He
decided to replace them all with Franciscans, whom he
believed were more loyal.

The king ordered the guardian of the San Fernando
convent to send a group of missionaries with a strong
leader into lower California. To the guardian there was
only one logical choice for leader—Father Junípero
Serra.

Las montañas de Sierra Gorda fueron el hogar del padre Junípero por más de ocho años. Mientras él estuvo ahí convirtió a muchos indios en cristianos. Con ellos, construyó una iglesia. Después regresó a San Fernando de nuevo. Estuvo varios años más a cargo del coro y de los jóvenes que estudiaban para sacerdotes. Frecuentemente iba en misiones de San Fernando al campo.

Pero el destino del padre Serra pronto cambiaría.

Casi al mismo tiempo, el Rey Carlos III de España, decidió que los padres jesuitas, que habían construído misiones en Baja California, representaban un peligro para la corona española. Decidió reemplazarlos a todos ellos por franciscanos a los que creía más fieles.

El rey ordenó al guardián del convento de San Fernando que mandara un grupo de misioneros con un buen conductor a Baja California. Para el guardián sólo hubo una selección lógica de conductor —el padre Junípero Serra.

19

From that time on, Father Junípero was part of a team made up of himself, José de Gálvez, the Spanish Inspector General, and Gaspar de Portolá, the military Governor of California.

Together, Gálvez and Serra planned to set up missions all the way up the coast of California to San Francisco. Together, Portolá and Serra did it.

Since there was nothing Spanish in California for Portolá to govern except the missions, he and Father Junípero were partners. The first mission was founded at San Diego in 1769. Junípero later founded eight other missions.

De ahí en adelante, el padre Junípero formó parte de un equipo compuesto por él mismo, José de Gálvez Inspector General Español y Gaspar de Portolá gobernador militar de California.

Juntos Gálvez y Serra, planearon establecer misiones por la costa de California hasta San Francisco. Juntos Portolá y Serra lo realizaron.

Como no había nada español que Portolá pudiera gobernar en California a excepción de las misiones, él y el padre Serra eran socios. La primera misión fue fundada en San Diego en 1769. Junípero fundó otras ocho misiones más tarde.

The purpose of the Spanish missions was not just to convert the native Americans to Christianity. The missions were seen as the first step toward Spanish settlement in the area. Missionaries were better than soldiers at communicating with the people of the country. Father Junípero, especially, treated the native Americans with respect and understanding. He was also good at choosing priests who shared these qualities to run the missions.

El propósito de las misiones españolas no era únicamente la de convertir a los indígenas al cristianismo. Las misiones eran el primer paso hacia una población española en esa región. Los misioneros eran mejores que los soldados para comunicarse con la gente de allí. El padre Junípero, especialmente trataba a los indígenas con respeto y comprensión. El también seleccionaba eficazmente a sacerdotes con estas mismas cualidades para la administración de sus misiones.

Father Junípero brought to his task great faith and courage. He also brought an undying enthusiasm. When he and his people arrived at one location for a mission, for example, he immediately hung a church bell from a nearby tree and started ringing it. At the same time, he called out for people to come and hear about Jesus.

The others in his group thought he was a little crazy. For one thing, there was no one at all for miles around. And yet, the next morning as Father Junípero began the church service, one native American walked slowly out of the forest and stood watching. Later, he brought others.

El padre Junípero laboró con una gran fe y valor. También un entusiasmo eterno. Por ejemplo, cuando él y su gente llegaban a un lugar para establecer una misión, él inmediatamente colgaba una campana de iglesia en un árbol y la hacía sonar. Al mismo tiempo llamaba a la gente para hablarles acerca de Jesús.

Los otros de su grupo creían que él estaba un poco loco. Por una parte, no había nadie por aquellos alrededores. Sin embargo, a la mañana siguiente cuando el padre Junípero empezaba la misa, un indígena salió lentamente del bosque y se detuvo a observar. Después él trajo a otros.

26

The soldiers who were assigned to protect the missions led unhappy and often very boring lives. After a few years, Father Junípero decided that something must be done. This was only one of many problems that were not being solved by the people who were in charge, people who did not know California.

Father Junípero made the long trip back to Mexico City to talk personally to the viceroy, who was in charge of the government. He asked that the soldiers be allowed to bring their wives and families to live with them. He also asked for other changes in the missions. He was so convincing that the viceroy agreed to everything.

Los soldados asignados a proteger la misión llevaban una vida infeliz y aburrida. Pasaron unos años, el padre Junípero decidió que algo se tenía que hacer. Este era sólo uno de los problemas que no resolvían las personas a cargo, gente que no conocía California.

El padre Junípero hizo un largo viaje a la Ciudad de México para hablar personalmente con el virrey, que era el encargado del gobierno. Pidió que se les permitiera a los soldados llevar a sus esposas y a sus familias a vivir con ellos. También pidió que se hicieran otros cambios en las misiones. Era tan convincente que el virrey le concedió todo.

Life at the missions was very different after the families came. And they were followed by other Spanish settlers. Soon there were farms on the rich land. The missions—San Diego, San Francisco, San Antonio, San Luis Obispo, and others—became towns. Father Junípero worked side by side with one governor after another. And then, finally, there came a governor who took away Father Junípero's position, refusing to allow him to found another mission. Two years later, at the age of seventy, Father Junípero died.

La vida en las misiones era muy diferente después de
la llegada de las familias. Y fue seguida por otros
colonizadores españoles. Pronto hubo granjas en la
tierra fértil. Las misiones San Diego, San Francisco, San
Antonio, San Luis Obispo y otras se convirtieron en
pueblos. El padre Junípero trabajó con varios
gobernadores, uno tras otro. Así finalmente hubo uno
que le arrebató el cargo al padre Junípero no
permitiéndole fundar otra misión. Dos años después a la
edad de setenta años el padre Junípero murió.

It is easy to see in Father Junípero's life a man who worked hard for what he believed in. What is more difficult to see is that, in the important early years of California history, Father Junípero helped to govern that area with efficiency and wisdom. He was a good man . . . and an extraordinary executive.

Es fácil ver en la vida del padre Junípero a un hombre que luchó con energía por sus creencias. Lo que es más difícil de entender, es que en los primeros años importantes para la historia de California, fuera el padre Junípero el que ayudara a gobernar con eficacia y sabiduría. Fue un buen hombre . . . y un extraordinario ejecutivo.

GLOSSARY

friar   A member of a religious order.

guardian   One who takes care of the property of another person.

jester   A person who provides comic entertainment.

mission   A place where missionaries are based.

missionary   A person who spreads religious faith, especially in an area where that religion is not practiced.

peasant   A member of a class of (European) people who made a living as a laborer or small farmer.

theology   The study of religion.

GLOSARIO

bufón   Personaje que hace reir.

campesino   Propio del campo. Que vive y trabaja en el campo.

fraile   Monje de ciertas órdenes.

guardián   Persona que custodia a una persona o cosa.

misión   Establecimiento de misioneros o región en que predican.

misionero   Persona que predica la religión cristiana en las misiones.

teología   Ciencia que estudia la religión y las cosas divinas.

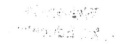